어느 여름날의 찬가

최영희 제6시집

계간문예

어느 여름날의 찬가

시인의 말

돌아보니
삶은
곧
시가 되었네

남편은 가고
시 속에 담긴
함께한 시간
아름다움이었네
그리움이네

— 〈삶은〉 수록 시詩 중에서

그동안 세상 밖으로 나오지 못한 시들과 각 문예지 등에 발표된 시들을 모아 5집을 내고 2년여 만에 언제나처럼 조심스러운 마음으로 6집에 담아 봅니다.
언제나 곁을 지켜 주었던 남편을 하늘나라로 보내고 슬픔을 삭이며 스승이신 홍금자 선생님 격려로 출간을 합니다.
부족한 시이지만 함께하는 독자님들께 작은 울림이라도 되길 기원합니다.

축하의 글

'어느 여름날의 찬가'에 부쳐

하늘의 별 하나
지상으로 내려와
시의 꽃이 되었다

최영희 시인
그동안 중진의 시인으로
끊임없이 자기만의 시세계를 구축해 왔습니다.
변함없는 그녀의 시사랑 참으로 아름답습니다.

여섯 번째 시집 '어느 여름날의 찬가' 역시 최 시인은
시의 이름으로 날마다 시의 꽃을 피우는 사람입니다.

이번 시집에는 얼마 전 세상을 떠난 남편을 잊지 못해
쓴 시들이 가슴을 적십니다.
슬픔의 강물이 넘쳐나고 그 강을 건너지 못하는 안타까운

마음에 위로의 말을 건넵니다.

'어느 여름날의 찬가' 출간에 부쳐 그대에게 축하의 박수를 보냅니다.

2025년 초겨울 문턱에서

홍금자(시인 · 한국시인협회 상임위원)

■ 차례

1부 사랑은

2부 꽃의 전설

3부 어느 여름날의 찬가

4부 우리들의 어머니

5부 눈물이 난다

1부

사랑은

시詩

일곱 살에 엄마 잃은 소녀의 슬픔은 가슴에 시가 되듯
밤하늘 깜박이는 별들의 노래 또한 누군가의 가슴에
시가 되겠다 숲 속 슬피 우는 새소리 그 안에도 시가
되는 사연은 있다 그래서 그 소리에 누군가의 가슴은
다시 젖는다 길가에 피는 봄꽃도 그냥이야 피겠는가
꽃 송이송이마다 사연은 있다 꽃의 눈빛을 읽어 보라
꽃 송이송이 사연마다는 모두 한 편 한 편의 시다
고故 황금찬 시인의 말씀 중에
"우주 만물 생물 무생물 모두에게는 시성詩性은 있다
다만 언어로 표현하지 못할 뿐이다"란 말이 있었다
나는 오늘도 그 안에 표현된 시심詩心을 나의 언어로
하얀 백지 위에 적고 있다

그리고 세상은 나를 시인詩人이라 불러 주고

소록도

어릴 적엔
참꽃밭에 꽃 따러 가지 마라
문둥이 아이들 간 빼 간다
말로만 듣던 소록도
소록도에 들어보니
길 따라 우거진
소나무도 서러워라

필-릴리
필-릴리
한하운 님의
보리피리 소리
귓가에 들리고
서럽게 들리고

그 세월 어땠을까
물결은 100년
한限만큼
밀려왔다 밀려갔나
체념인 듯 고요하다

사슴 닮은 소록도
소록도의 산 증인
한하운의 후배 시인 강창석
그는 지금
소록도를 얘기하고
소록도를 쓰고 있다

서정주 생가에서

1915년, 전북 고창의 자그마한 초가집
으앙! 하고
힘찬 울음소리 들렸을 때만 해도
그 아가
대한민국 만인의 가슴을 울리는
서정시인 나심이라
아무도 몰랐을 거다
앞마당 깡충깡충 뛰어다니다가
마당가 우물 안 자신의 얼굴 비춰보며
신라 가시내의 이름을 가만가만
혼자서 혼자서
불렀을지 모른다
동짓달 즈믄 밤엔 꿈에 그린 임의 눈썹
마-알게 씻어, 아- 그때부터
하늘가에 심고 심으셨나 보다
저만-치 산마루 시인님 계시고
"오셨는가"라고 반겨 주실 것만 같은데
추녀 밑 벽에 새긴 동천冬天의 시어만이
임이신 듯 반기신다

소녀야, 너는 어느 나라 백성이었노

소녀야!
너는 어느 나라 백성이었노
어느 조상의 피를 두 손으로 받아
예, 세상에 왔노
굽이굽이 몇 생을 돌아
대한의 딸로 세상에 왔노
소녀야!
너는 얼마나 너의 나라를 사랑했노
얼마나 사랑하고 얼마나 자랑스레
너의 나라 국민으로 살았노

전쟁의 폐허 속에 별을 노래하고 달을 노래하고
봄이면 뒷산에 올라 방실방실 피어나는 꽃을 보며
소녀야! 조국의 희망을 노래했구나
어언, 70여 년!
이리 보고 저리 봐도
조국은 곳곳 자랑스레 일어나고
소녀는 가슴이 부푼다
조국의 어여쁜 딸로 살아온
아- 여기, 영영 가슴 푸른 소녀야!

씀바귀꽃

씀바귀야!
씀바귀야!
노오란 꽃
씀바귀야!

도시의 담벼락 밑
나풀나풀
착하게도 웃는구나
방긋방긋 웃는 얼굴
아-
웃어도 웃어도
슬프구나

가자! 가자!
고향 가자!

너와 나
봄이면 봄마다
착하게 놀던

양지 곁 밭둑
거기, 가자!

* 씀바귀꽃 꽃말은 순박함이라고 함.

사랑은

사랑은 꽃술에 담긴 향기와 같은 것
손으로 잡을 수 없지만
느낄 수 있는 것
이상한 힘으로 취하게 하는 것

세월은 가고
-그리워 찾은 고향

반백 년 세월 가니
사람도 가고 인정도 가고
마을도 저만치 비켜서 앉았구나

가다가, 그리워 그리워
옛집 터 찾아드니
마당 끝 감나무만
세월 속에 서 있고

산이며 들이며 모두가 정겨운데
더듬어 찾아온 길
아- 이제는
내 고향 바람마저 낯선 듯
스치고 지나누나

별 하나의 사랑

어머니 아버지 가시다
바람으로 가시다
심장으로 품은 별 하나
세상에 떨구시고

나는
선채로 세상을 보았네

산이며 들이며
어둠이 찾아든 밤하늘까지
아가야 아가야! 세상은 사랑이다
슬퍼하지 말아라

눈을 떠라
눈을 크게 뜨고 보아라
세상은 사랑으로 가득하다

아- 혼자 가는 길

세상은 내게

사랑으로
가슴속 사랑으로
살라 했네

11월, 산책길에서
-새 소리

11월
숲을 이룬 한 나무에
쫑알쫑알 소리가
열매처럼 달렸다
왁자지껄
요란도 하다
한 해를 보내며
하- 고놈들
할 말도 많은 갑다

한 해를 마감하는
마을회의라도 연 것일까
누구도 지지 않으려는 듯
한 마디씩
북새통이다
11월
생명의 소리 참 좋다

시곗바늘

앞으로
앞으로만 가는 세상살이
시침 분침 초침
똑딱똑딱 시곗바늘
인생사 닮았다
가는 곳 가는 길 같아도
느긋한 시침
하늘도 보고 땅도 보고
바쁠 것 없다

왔으면 가야 하는 세상 속 여정
밀리듯, 밀리듯 가는 가야 하는
한 발짝 한 발짝 분침이 따르고

숨 가쁜 초침
째깍 째깍
보이지 않는 목적지
저- 만치
다 온 듯 다 온 듯
총총 바쁘다

봄은 오는데
-코로나19의 세상에서

맑은 하늘 맑은 햇살
봄은 오는데 꽃은 피는데

깔깔깔깔
소리 내어 웃어보고 싶다
푸르고 푸른 들녘
너와 나 손 잡고
이리 뛰고 저리 뛰고
달려도 보고 싶다

칠십 평생
살아보지 못한 세상
1년을 입을 막고
아들도 딸도 손주들도
오도 가도 못한다

유리창 밖
다시 봄은 오는데

세상의 저 무거운 고요는

언제까지일까
너와 나 우리 환- 하게
소리 내 웃는 날 언제쯤일까

3·1절 100주년에

1905년 "을사보호조약"이라나?
우리 대한의 민족으로
통곡할 조약이었다
주권 잃은 백성의 삶
그 삶이
삶이었을까

흐르고 흘러온 5천 년 역사는
검은 장막의 벽으로 흐름이 멈추고
단군을 조상으로 한 우리 백의白衣의 민족
암흑의 세상에 갇혀

하늘을 볼 수 없었네
제대로 숨을 쉴 수도 없었네

그래 그래 우리는 대한의 백성이었다
드디어 1919년 3월 1일 태극기의 물결은
일어나라 일어나라 대한의 백성 백성들이여
아- 앞장선 우리들의 영원한 유관순 언니여!
대한독립만세! 만세!

만세의 물결은 이어지고…

100년의 세월 세월 민족정기의 세월이여!
2019년의 동이 터 올랐습니다
우리 민족의 가슴 가슴
영원할, 아- 들린다 들린다
대한독립만세! 만세!
대한의 독립을 외친
100년 전의 함성 함성
하늘에서부터 들린다
땅끝에서부터 들려온다
천 년 만 년 수 억 년이 흘러도
이 땅에 영원하고 영원할 우리 민족이여!
대한민국이여!

봄, 참 곱다

코로나로 세상이 우울해도
햇살 아래 방긋방긋
나를 반기는
풀꽃!
참 곱다

민들레 냉이꽃 씀바귀꽃까지…
우리 어린
그 모습 그대로
풀밭에 폴짝! 폴짝!
저- 맑음
저- 청순함

아-
봄은
맑아서 곱다
차-암 곱다

별나라

밤하늘
무수한 별
모두가 착한 눈

지나온 세상사
슬픔도 잊었다
분노는 버렸다

슬픔도 분노도
잊고 버리면
아무것도 아닌 것

아- 오늘 밤
저 착한 눈의
별들
도란도란
내게 평화를 말하네

담장 밑 누군가의 마지막 흔적

어느 병원의 장례식장 담장 밑
일회용 그릇을 싼 설거지 보퉁이 하나 놓였다
누군가 이 땅에서의 생生에 대한 마지막 벌이는
잔치였으리라
세상에서 만난 고마웠던 인연에 감사하고
불편했던 인연에 남은 감정의 찌꺼기 다 씻으시길
바랬을 것이다
조촐하지만 마지막이니만큼
마음 담은 잔치였으리라, 그래 그랬을 것이다
그리고는 남은 설거지마저 홀가분하게 담아
동그마니 두고 떠났을 것이다
'죄송합니다, 이 보퉁이 하나는 부탁합니다'라는 듯
담장 밑 햇살이 맑다
떠난 이의 마음만 같다

꽃 중의 꽃

꽃 중의
꽃은
웃음꽃

활짝 웃는
그대
그대는
꽃 중의 꽃이라

2부

꽃의 전설

꽃의 전설
-갈대 이야기

가을엔 갈대밭으로 가봐야겠네
효자 건을 만나러

어릴 적 어미 잃어 서러웠을
건을 내 만나야겠네
이제라도 그 속마음 들어야겠네
추운 겨울 솜옷 입은 이복동생
갈대 옷의 건
갈대 옷이 추웠을까 마음이 추웠을까

그렇지 착하다 했겠지
아버지가 진노하여 그 어머니 가고 나면
어린 동생 어이 할꼬
어미 잃은 설음 나 하나로 족하지
그리했을 마음 하늘은 알지 나는 알지

가을엔 갈대밭으로 가봐야겠네
어머니 이야기나 나눠야겠네

사랑아

아- 사랑아!
또 꽃잎이 지네요

한 잎 두 잎
그림자 위에 그림자로 쌓이는 무덤 앞에
눈물짓는
슬픈
사랑아

꽃잎처럼 져간
사랑했던 사람들이여

얼마나 울어야
무덤 속 잠든 영혼들
다시 꽃으로 필까

아-
내가 사랑한
사람
그리고 꽃잎들이여

2020년의 봄
-코로나19의 세상에서

서기 2020년 3월 봄은 영문도 모른 채 산수유 개나리 진달래 앞세우고 철부지 아이처럼 방실방실 웃으며 산과 들로 그리고 도시로 입성한다 시냇물도 졸졸졸 풀잎도 파릇파릇 오던 길 그대로인데 산도 들도 거리도 도시도 죽은 듯 고요하고 재잘재잘 아이들 소리도 들리지 않는다 2020년 3월 분명 오던 길 그대로인데 세상이 수상하다 오가는 사람 보이지 않고 반기는 사람이 없다

그제사 수런수런 꽃잎 사이 오가는 말
"코로나19 코로나19 점령군 코로나19가
세상을 다- 점령했대 지금은 전 세계가
코로나 19와의 전쟁 중이래"
수런수런 수런수런
저만치 홀로 꽃 피운 봄날이 멋쩍다

10월의 나무

잎을 지운
10월의 나무를 보세요
말이 없어요
침묵하고 있어요

가끔 새가 날아와
침묵을 깨트려보려 하지만
나무는 좀처럼 입을 열 것 같지 않아요

바람도 비껴가요
미동도 없이 서 있는
10월의 나무
가지 끝
저 눈을 보세요
곧 무슨 말을 쏟아낼 것 같은데

가령
살아온 날의
생이
고달팠다던가

아름다웠다던가
사랑은 역시
아픈 것이었다던가

그러나
10월의 나무
좀처럼 입을 열지 않아요
가을 타는 여자처럼

삶은, 결국 형체 없음이다

삶은
결국 형체 없음이다
살아온 흔적은
무형의 그림자
어릴 적 어머니가 들려준
별나라에서의 이야기 같은
바람처럼 왔다가
후-후 사라져 가는

기억하려 하지 말자
추억하려 하지 말자

내가 나고 자란
아름다운 고향의 이야기도
모두가 바람처럼 스치고 지나는
아득하고 아득한
별나라 이야기 같은
무형의 이야기
무형의 그림자
삶은 결국

형체 없음인 것을

별과 별 사이가 참 멀다

5월을 지나며

나는 다시
이 아름다운 5월을 지나고 있다
초록이 숲을 이루고 새들이 노래하는
호젓한 길

5월의 장미는
"사랑합니다
사랑합니다
5월을 지나는 모든 이들을
사랑합니다"라는 듯 환한 얼굴로
길섶을 지킨다

하늘을 본다
아- 저 5월의 푸른빛
우리들 함께 했던
그때
그 5월
하늘 끝에 불러 본다

1월은

햇살 좋은 1월의 뜨락
하늘과 땅 사이가 따스하다
1월은 우주의 어머니

어머니는 아니다 아직은 아니다
토닥토닥 여린 잎을 토닥이고

그래도 옴찔옴찔
새순은 성화가 받친다

햇살은 이른 아침 살포시 유리창을 비추고
나뭇가지 사이로 까치 소리 참새 소리
깍깍 짹짹 봄을 재촉이고 보채고

아- 1월은
다독다독
세상을 품은
어머니 사랑이다

느낌- 사랑

보세요
이 봄날

가는 곳마다
이토록 아름다운
꽃인 걸 보면
세상은 온통 사랑입니다

이토록 향기로운 걸 보면

아- 이 봄날
세상은
곳곳
사랑입니다

봄을 노래합니다

우리 살아가는 세상
봄만치 아름다운 세상이면 좋겠습니다
봄만치
희망으로 가득한 세상이면 좋겠습니다

봄이 주는 아름다움
풀은 풀대로 꽃은 꽃대로
손을 흔들며 노래합니다
우리를 부릅니다

들로 오세요
산으로 오세요
거리로 나와 보세요
그리고
꽃길을 걸어 보세요

이 아름다운 봄날엔
꽃길을 걷는 그대
바로 세상 속 주인공입니다

바람 불고 우울한 날

바람 불고 우울한 날에는
먼 하늘을 본다

이대로 가는 길 가다 보면
바람 부는 사막의 길 지나고
다시 생명의 길 오리니

꽃이 피던 꽃길은 꽃길로만 기억하자
푸르고 푸르던 숲길은
그때 그 희망의 숲길로만 기억하자

아- 한낮의
이 어두운 우울이여!

그래도 우리
서로 사랑한 날 있어
행복하지 않았는가

소소소 부는
저- 바람은

먼 길을 돌고 돌아
마음 씻어 왔나 보다

시를 정말로 사랑한 선생님
-황금찬 선생님

선생님의 시詩를 읽으면
눈물이 난다
구절구절
눈물이 난다

가난한 어머니 아버지
하늘 땅 바다 나무 꽃 풀벌레 구름 나비
그리고 차마 부를 수 없는 이름까지…
사랑한다 사랑한다
사랑으로 가득하다

백수를 바라보는
시詩를 정말로 사랑한 선생님
39번째 시집 〈추억은 눈을 감지 않는다〉를
따듯한 눈길로 건네주신다
시詩 사랑 제자 사랑 가득하시다

선생님의
환-한 미소

언제나
만년 소년이시다

도림천 변에서

내가 가는 도림천 변엔
가을이면 해마다 국화가 핀다
국화꽃이 피기 시작하면
나는 오며 가며 정겨운
눈인사를 하곤 했다
가을도 깊어 가는 10월 어느 날
나는 어느새 국화 앞에
주름 깊은 여인으로 앉아 있고
오늘따라 도림천변 길을 따라
서늘한 바람이 분다
국화는 보랏빛 작은 얼굴로
애써 미소 지으며 내 어깨를 다독이고
보랏빛 진한 향기 가슴을 적시는데
서로는 아무 말도 하지 않은 채
한참을 바라만 보고 있을 뿐이다
머지않아 찬 서리 내릴 텐데
나는 차마 저 가녀린 눈빛에
안녕이란 말을 할 수가 없다
보랏빛 애틋함이 바람에 흔들린다

그리움

아- 이제
그리움은 그리움으로
사무침은 사무침으로
끝나나 보다

길섶에 핀 작은 풀꽃이여

너와 나
긴 겨울 지나
여기서 만났거니

가고 오지 않는
오지 못하는
임은

어느 세상
어느 곳
스치는 바람으로나 만날거나

고향에는

그래, 고향에는
기다리는 이 있었구나

산이 그렇고
들이 그렇고
풀잎이 그렇고
하늘이 바람이 그렇고
밤하늘 별빛이 그렇고

그 자리 그대로 정겨운 걸 보면
고향도 나도 잊지 않았구나
우리
잊지 않았구나

그래
고향은 그래서
그렇게 그리웠나 보다

가고 가는 길
-어느 가을날에

여기는 어디쯤인가

걷고 걸어온 길 그때 그 길도 고왔고 오늘 가는 이 길도 곱다 날마다 가는 길 하늘을 봐도 땅을 봐도 바다는 바다대로 산은 산 대로 들은 들대로 곱고 곱다 오늘은 이 길 내일은 저 길 이리 가도 저리 가도 끝점은 저만치~

나 살아서 가는 이 곱고 고운 길

오늘은
잎을 지운
가을 산
마음 쉬어 가란다

코로나19의 세상

코로나19의 세상은
거리의 이쁜 입 미운 입 할 것 없이
모두를 막았다
세상 인류의 모든 입을 막았다

아파트 엘리베이터에서 만난
하얀 마스크 속의
이제 막, 말을 시작했음직한
아가의 이쁜 입
까-만 눈망울 깜박이며
"안- 녕- 하- 세- 요?"

아- 그래 그래 아가야 아가야
이쁜 아가야!

미안하고 미안하다
너의 그 맑고 천진한 고운 입까지 막은
지금의
이 세상이

3부

어느 여름날의 찬가

어느 여름날의 찬가

이 찬란한 나의 호숫가 그대 함께 오소서 나의 하늘은
사랑하는 나의 하늘은 나른하기만 하던 여름날의 창窓을
활짝 열어젖혔소 우르릉 쾅! 쾅!- 쾅! 쾅! 격렬한 전주곡
객석을 긴장시키고도 남았소 막이 오르고 곧이어 후드둑-
후드둑- 은빛 호수 위 방울방울 빗방울들 요정처럼 날아
내리오 호수는 지금 요정의 나라 머리마다 보석을 두른 빗
방울 요정들 호수 위 저마다 총총 별이 되고 그대와 나의
꿈속 같은 별이 되고 끝내 하늘도 스스로 황홀한 무지갯
빛 여름날 비 오는 나의 이 호숫가 그대 함께 오소서 저
춤추는 빗방울 요정들 속 내 사랑 그대와 함께라면 비 오는
이 여름날 더없이 좋겠소

11월

11월엔
시간도 침묵으로 걷는다

가고 가는 길
돌아보면
애환도 슬픔도
아름다움이었다

스치고 지날
순백의 시간들

11월은
시작처럼
다시
그 길을 향해 걷는다

역사歷史 속으로 사라진 단양역舊

임이시여! 임들은 우리들의 고향, 단양
단양역舊이 사라진 슬픈 역사를 아시나요?

1942년 개설되었다는 단양역! 서울의 청량리와
안동의 푸근한 인심을 이어주던 중앙선 열차
우리들의 고향, 단양역을 지나 죽령 고개를 넘을 땐
긴 기적 소리를 내며 친구들과 놀고 있는 우리를
얘들아 하고 정겹게 불러 주는 것만 같았습니다

충주댐의 건설(1985년)로 수몰된 고향
선로는 이설移設되고
아- 이제 더는 마을 앞 산 중턱 기차가 달리는
그림 같은 전경과 귀에 익은 정겨운 기적 소리는
볼 수도 들을 수도 없겠습니다 언제고 달려가면
엄마처럼 반겨 줄 것만 같던 내 고향 단양역舊
이제 영원히 안녕인가 봅니다
그리운 산과 들은 오라는 듯 오라는 듯
그대로 그대로 푸르른데

그곳은, 영원한 나만의 우주宇宙

내 안의
무한한
공간!

그곳 또한 세상의 우주 공간만큼이나 넓고 넓은가 보다 조기쯤엔 이 풍경 또 조기쯤엔 저 풍경 어느 공간엔 한 마을이 있고 골목이 있고 내 손을 잡은 어머니 있고 언제나처럼 일터에서 돌아오는 아버지 있고 산이 있고 들이 있고 꽃이 있고 풀이 있고 흐르는 물이 있고 깊고 깊은 나무숲 사이로 보이는 하늘이 있고 어둠이 오면 별이 있고 달이 있고 밤하늘 노래하는 너와 나, 우리가 있고

아- 그곳은
또 하나
내 안의
영원한 나만의 우주宇宙

잠시 머물다 가는 세상

잠시 머물다 가는 세상
세상 한 번
둘러볼 시간 없었네

수 없이 별이 뜨고 별이 지고 꽃이 피고 꽃이 지고
세상은 아름다웠네, 그 안에 내가 있었네

내가 오르던 작은 언덕은
미소로 안아 주던 어머니 품처럼 포근하고
나와 만난 작은 풀꽃의 미소는 아름다웠네, 고왔네

머릿결 스친 바람은
그대 사랑처럼 살갑고 보드라웠네

잠시 머물다 가는 세상
돌아보니 곳곳 사랑이었네

아름다워라 그림 같은 세상
먼 훗날 그 안의 내 삶의 모습도
아름다움이었으면 좋겠네

11월이 쓰는 편지

11월이
한 잎 두 잎 나뭇잎을 떨구며 지상에 쓰는 편지
사연마다 한 해 동안의 아름다움이면 좋겠습니다

새겨진 저 사연 사연들
하늘에 별빛처럼
이 땅에
아름다운 이야기로
영원했으면 좋겠습니다

이른 새벽
11월이 떠나며
지상에 남긴 사연
별무늬처럼 아름답습니다

저 아름다움
이 순간 함께하는
우리 모두의 이야기면 좋겠습니다

오래된 사진첩

외손자 유치원서
가계도 사진 전시 행사를 한단다
할머니 할아버지 어릴 적 사진부터
현재까지의 사진을 보내 달라는
딸의 부탁이다

오래된 사진첩
한 부 한 부 들춰 본다
우리 집 오십여 년 가족사
고스란히 담겨 있다

아들딸 삼 남매 어릴 적 모습들
이제는 사십 대 후반의
어엿한 엄마 아빠가 되어 있는
사진첩에 담긴 천진하고 해맑은 모습
그늘이 없어 좋다 맑아서 좋다
꽃보다 곱다
넉넉하진 못했어도
우리 행복했나 보다

내 마지막 사랑
-남양주 정착기

저 너머의 세상은 어디쯤일까

이 우주에 뚝 떨어져
해와 달 그리고 별을 노래하며
아, 사랑을 받고 사랑을 하고

눈 깜짝할 사이 많이도 왔나 보다

가깝던
사람도 풍경도
한둘
별처럼 사라지고

눈빛 가는 곳마다
낯설고 외롭구나

하늘길 따라
어제도 가고 오늘도 가고

창밖으로 보이는

저 고요한 하늘과 산수만이
내 마지막 사랑인가 보다

더운 가슴으로 사랑하고 사랑하리라

모과네 가을

모과 댁宅네 아이들은
그랬지
엄마 젖꼭지에 매달린 아이처럼
조롱조롱

어느새 그리 됐나?
모과 마을 가을 오고
조롱조롱 모과 열매

음전한 색시처럼
볼마다 노르스름

향기까지 지녔으니
그 집 딸 음전하다
동네마다 소문나겠네

길 위에서·1

길 위에
헌 옷가지 하나
바람에 날아간다

몸은 떠나고
허물만 남은
거푸집처럼

누군가의
영혼과 육신
훨- 훨-
어디쯤 가고 있을까

내가 지구에 마지막 남기고 싶은 말

누가 나에게 지구를 떠날 때
"이 땅에 남기고 싶은 말이 무엇이냐"라고 묻는다면
나는 "아름다운 별! 잘- 살고 갑니다"라고 답하겠습니다

반백 년이 넘도록 함께한
흙냄새며 푸른 하늘이며
별 달 구름 그리고 풀 꽃 나비 새 모두가
얼마나 아름다운 나의 친구였는지요
얼마나 좋은 나의 친구였는지요

만나는 길
만나는 인연
모두를 사랑했습니다
많이 사랑했습니다

슬픔까지도 안으로 삭이며
나로 인해 모두가 행복하기를
기도하는 마음으로 살았습니다

"이 땅에 와

감사하는 마음으로 잘 살고 갑니다"라는 말
남기고 싶습니다

영원하고 영원할 바람이여 별이여

잘 살았는가

어머니 아버지 날 낳으시고
귀하다 귀하다 키우실 때
옳고 바르게 살라 셨지

사람으로 왔으니 사람으로 살라 셨지

부모에게 효도하고 형제간에 우애 있고
이웃 간에 정을 주고 친구 간에 의리 지켜
믿음 주는 사람 되라 셨지

주어진 것에 감사하고
흐르는 물처럼 노래하며
풀꽃 같은 맑음으로 살라 셨지

아, 어머니 아버지는 하늘가 저만치에 계시고

나 잘- 살았는가?
내 어머니 아버지 이쁜 딸로

빗소리

-이명耳鳴

비가 오네요
내 안에 내내
비가 오네요
촉촉이 젖어 내려요

숲이 젖고 있어요
초록이 젖어요

내 머릿속이
너무 메말랐었나 봐요
내내 비가 오네요

한참을
빗소리에 젖어야겠어요

인류는 지금 아픈, 역사의 긴 강을 건너고 있다
-코로나19의 세상에서

지구상의 인류는 지금 곳곳 모두가 아프다 위중중이다
가는 곳마다 전쟁터 병실의 모습이다 2020년 1월쯤이
었던가 코로나19를 시작으로 델타 변이로 이어지더니 이
제는 오미크론이라나? 세계 어느 곳 뉴스를 봐도 방역복
차림의 간호사들 들것에 실려 가는 확진자들 진단 검사를
받는 긴 줄의 사람 사람들 환자를 실어 나르는 구급차의
사이렌 소리 전쟁터의 모습이 아니고 무엇이겠는가 지구상
수천수만의 세월을 견디고 견딘 인류에게 덮친 바이러스와
의 전쟁 하늘도 산천도 바다도 해와 달도 별도 말이 없다
지켜만 보고 있다 인류의 지혜로움을 시험 삼는 것일까

인류는 지금 아픈
역사의 긴 강을 건너고 있다

모과나무·1

모과나무엔 모과가 달리고
사과나무엔 사과가 달려야지
모과나무에 사과가 달리면 큰일이지요

아파트 정원 모과나무 한 그루
분명 모과겠지요?
열매가 아직은 사과처럼 동그네요
모과나무엔 울퉁불퉁
모과다운 모과가 달려야지요

우리는 알지요
세상의 모든 것이
나 다울 때가
가장 아름답다는 걸

가슴으로만 들을 수 있는 언어言語들

말語을 우리는 언어라고 하지요
그러나 언어에는 몸으로 하는 언어
그리고 가슴으로 하는 언어도 있습니다

어느 땐 말로 하는 언어보다
몸으로 가슴으로 하는 언어가
우리들의 가슴을 울리기도 합니다

봄에 파릇이 돋으며
부르짖는 새싹들의 희망에 찬
이쁜 소리를 들어 보셨는지요
아름다운 강과 산
꽃들이 살풋한 미소로 건네던
감미로운 사랑의 언어를 기억하는지요
여름이 뜨거운 정열을 몸으로 말하고
가을은 끝내 참을 수 없어
거리에 잎 잎마다 쏟아낸 절규!
"나는 이 세상을 사랑했노라
죽도록 사랑했노라, 그리고 떠나노라"

아- 거리마다 바람은 불고
우리는 지금 가을이 쏟아 낸
절절한 말語
그 말들을 가슴으로 듣고 있습니다
가슴으로만 들을 수 있습니다

4부

우리들의 어머니

가을 노숙

한 남자가
공원의 풀밭 위
납작 엎드려 있다

해는 한참을 떴는데
미동이 없다

10월의 나무
머쓱하다
할 말을 잃었다
제 아래
제 이파리 같은
한 남자

내 아버지 집

전설처럼 살다 간 아버지 집 가는 날
다녀간 이 없어 길도 지워져 버린
강원도 산골짝

산딸기나무는 누군가의 외로움처럼
몽울~몽울 열매를 맺고
아버지의 넋일까, 보랏빛 작은 풀꽃
길목을 지킨다

아- 저기 저 산밑
주섬주섬 풀숲으로 이은 나직한 지붕
저 외딴집이 내 아버지 집입니다

집앞 조그만 돌 비석은 바람이 와 씻어 주고
우짖는 저 산새 소리
내 아버지 벗이나 되었을까

아버지! 오늘은 생전에 좋아하시던
막걸리 한 잔 올립니다, 달게 드소서
아버지 손길일까 바람 한 점 볼을 스친다

내 친구

그는 내 친구였다

혹독한 긴 겨울을 지나 언제나 환-한 얼굴로 와주는 봄
그는 나를 행복하게 해 주는 참 좋은 내 친구

2월 가고 3월 오면 들로 산으로 새 생명 품고 파르-라니 오는
봄은 늘 외로운 나에게 푸른빛 언어로 긍정의 세상을 말하곤 했다

저만치 3월은 오고
나는 오늘도 기다린다
그때도 좋고 일흔이 넘은 지금도
참 좋은
내 친구, 봄

햇살 이쁜 날엔 내 곁에 소곤소곤
밭두렁 논두렁
함께 쑥 캐러 가야겠다

사람이 사는 세상

내가 사는 아파트단지엔 수요일마다 시장이 선다
장 사람들은 이른 아침 차곡차곡 실어온 그들의 삶의 봇짐
하나씩 풀어놓는다 야채 생선 과일 건어물

야채 장수 아주머니는 오늘도 목청이 카랑카랑하다
우리들의 어머니가 그랬듯 아주머니는 세 아이의 어머니란다
오늘은 세일입니다 시금치 석단에 천 원이요 천 원!
생선가게 아저씨는 꾸러미에 꿴 바닷조개가
만 원인데, 농담일까? 세일이라 만 천 원만 받는단다
훈훈하게 살아가는 사람이 사는 세상

파장 시간
장 사람들은 질펀하게 풀어놓았던 하루의 삶을 챙겨
또 어디론가 떠나야 한다

늘 그랬듯 다음 수요일까지는
아파트단지엔 그들이 남기고 간 삶의 채취만
텅 빈 거리 한참을 머문다

닫힌 창

뚝 끊겼다 나의 일상이

다운된 컴퓨터는 새벽부터 씨름을 해도 꿈쩍을 않는다
이리 달래고 저리 달래도 컴퓨터는 닫힌 창을
좀처럼 열지 않는다

금요일 하루는 나의 모두를 그렇게 가두어 버렸다
밤 10시 PC방

난 워드 자판기를 급하게 두드린다
종일 밀린 하루를 급전으로 타전하고 있다
비워둔 나의 하루 속으로

편리와 슬픔이 공존하는 세상
우리 인간이 컴퓨터에 내어 준 자리가 너무 크다

컴퓨터의 위력에
슬픈
하루다

까치 소리

분명 무슨 일이 있는 게야

새벽부터 까치가 호들갑스럽게
내 창窓을 흔들고 있다

시골집 작은 밀 창 뒤로 젖히면
울 할배 적선하듯 딱 한 알 남긴 바알-간 홍시
좋아라, 깍깍 대던
무구無垢한 네가 좋다

반가운 소식이 아니더라도
그냥 오늘 아침
고향 집에서 듣던 네 소리가 좋다
참 좋다

호박꽃

해거름 고적한 둑길
누군가 가을의 시린 흔적 걷었는데요

차마 그 사람 고향 집 어머니 손길 생각에
노란 등불 밝혀 든 호박꽃은 그대로 두었나 봐요

아, 꼭 내 친구 순이 닮은 호박꽃 고운 미소

오늘 밤
별빛 내려와

저 순하디 순한
호박꽃하고 놀아 주었으면

달빛에 대하여

아파트 창에 걸린 달빛
반겨 사랑한다 말하면
그냥 웃지요

어릴 적
두어 칸 초가지붕 어둠이 내리면
함초롬한 하얀 박꽃들의 이야기
아마 달빛도 그때를 기억하나 봅니다

오늘 밤엔
먼-먼 그리움인 양 번지는 달무리

내 작은 방
창만큼의
하늘이 젖습니다

가로등

밤이 깊어도
가로등은 잠들지 못한다

늦도록
밤 거릴 헤매는
방랑의
시린 마음

가로등은
나무 숲속
달처럼 정겹게 앉아
까-만
길을 밝힌다

그 마음의 절댓값! …%의 사랑

낙엽 그 아름다움에 대하여

한 줌 빛으로 하여
우리에게 주어진 세상은 아름답고
주어진 생명 또한 아름답다

돌아보면 함께 한 바람 소리 빗소리 그리고
천둥소리마저 경이롭던 시간들

너 나 우리
이루지 못할 꿈마저 사랑하며
살아 있음만으로도 감사했던 시간들

마지막 비행하는 나비처럼
순하게 날아내리는 낙엽
떠나기 전 몇 날 며칠
셀 수 있는 마지막 별까지
후회 없이 사랑했으리라

아름다이 생을 다 하고
흙 속에 고요히 잦을 줄 아는 낙엽

이 가을엔
그 갈빛 향기마저도 아름답다

어머니 누구를 기다리십니까

000동 0000호 초인종을 눌렀다

어머님
00날 00시 나라에서
노인을 위한 잔치가 있습니다
초대장을 쥐어 드렸다

" 고맙수 먹은 걸로 하리다
다리가 아파 갈 수가 없구먼"

자제분들께 모셔달라 하세요
"멀리 있어서, 고맙수"하시곤
열두어 평 아파트
어머니의 문은 다시 닫힌다

돌아서 오는 복도식
아파트와 아파트 사이
복도 길
어머니의 아들은 이 길을 따라
업은 어머닐 내려놓고 갔겠지

"먹은 걸로 하리다"
어머니가 기다리시는 건 행사장 초대장이 아니었다

시작노트;

통장 일을 보다 보니 집집이 방문하는 일이 많다

시대가 시대다 보니까 자식과 떨어져 혼자 사는 노인들이 많다

이 어르신처럼 자신의 몸도 가누기 힘든 분들이

무인도 같은 작은 아파트 공간에 유배생활 아닌 유배생활을 하고

계신 분들이 눈에 많이 들어온다, 나이 들어가는 우리 모두의

미래는 아닐까

봉선화 꽃잎 지던 날

여름밤이 너를 안고 이슬에 젖고 있다

손끝에 머물다간 짧은 만남
긴 긴 날 푸른 잎새 여린 꿈 부풀리고
떨치지 못한 그리움
붉은 울음 토해낸다

못내 아쉬운 이별
작은 스침에도 아픈 가슴 터트리고
저만치 이는 찬바람의 날카로운 입맞춤
여름날의 추억
꽃비 되어 내린다

그는 끝내 나를 기다려 주지 못했다
-허물어진 고향 옛집

두고 온 오래고 오랜 나의 옛집
그가 끝내 풀-썩 주저앉고 말았단다

그대는 누군가를 오랫동안 기다려 본 적이 있는가
해가 가고 달이 가고 창끝 같은 바람만 스치고 지날 때
눈빛은 혼미해지고 간절함이 마지막 촛농처럼 흐르고 나면
무너지고 마는 거지 주저앉고 마는 거지

사는 동안 오지 못할 임
그대는 기다려 본 적 있는가
사랑하는 나의 고향 나의 옛집
그가 그랬을 것이다

약속 없는 기다림

그는 끝내 나를 기다려 주지 못했다
흙이 되었단다
바람이 되었단다

뻐꾸기 소리
-그 소린 내 어머니 음성이었다

오월이면
내가 살던 초가집 작은 창문 뒤에는
해마다 뻐꾸기가 슬피 울곤 했다

그러면 영문도 모르는 난
조그만 창틀 사이로 보이는 푸른 하늘이
더욱 슬퍼 보였다

그땐 몰랐다
뻐꾸기 소리가
왜 그리 슬프게 들렸는지

이유는 모르지만 뻐꾸기는 개개비 같은 다른 새들의 둥지에
알을 낳아 부화하고 자라게 할 수밖에 없단다

내가 세상을 알기 전
하늘나라로 가신
내 어머니처럼
숨어 우는 뻐꾸긴

스스로 죄인이었다

오월의 숲 속
뻐꾹 뻑뻐국!
젖어 울던 뻐꾸기
그 소리는
내 어머니 음성이었다

우리들의 어머니

지하철역 앞 가슴팍만 한 좌판 위
고구마 몇 개, 울 콩 몇 꼬투리
그리고 어머니의 시린 가슴 올려놓는다

그랬다, 우리들의 어머니
아들 딸에게 다 내어 주시고
남은 건 그것뿐

그러나
누군가의 손길을 기다리는 시선 앞엔
총총한 사람들의 발끝만 지날 뿐
좌판은 진종일
시린 어머니의 가슴만 말리고 있다

파란 하늘 아래 부끄럽지 않게 다 내어놓은 삶
주름진 미소가 슬프도록 아름답다

하늘은 맑고
잎을 지운 가로수
쪽머리 내려 빗던

어머니의

빗살처럼 정갈하다

11월의 빗소리

11월의 빗소린 차고 냉정하다

귀를 막는다
눈을 감는다

제 몸 잘게 부수며
허공에 잦아드는 풀벌레 소리도
밤새워 노라니 물레 자아 내리는
은행잎의 애절함도
듣지 않으련다
보지 않으련다

11월의 차가운 심장의 빗소린
강철보다 질긴 거미줄 사이를 지나
강을 건너고 있다

먼저 간
그 사람 발자국 소리보다
더 차갑고 냉정하다

5부

눈물이 난다

가족사진 앨범을 보며
-그대와 나

그대와 나
함께한 세월
반백 년
여기,
돌아본 그 시간과 공간
꿈속만 같다

그 공간 속
꽃보다 고운 삼 남매
그리도 사랑했는가

그 안의
그대와 나
환-한 미소
차-암 "행복"했구나

행복이 어디에 있는지 아니껴?

한 산골에서 만난
소박한 여인
행복에 대해
내게 이렇게 말했다

보소! 우리 살아가는데
행복이 어디에 있는지 아니껴?
"모르겠는데요"
아침에 눈을 뜨고
거울을 보며
환하게 웃어 보이소
거기에 행복이 있습니더

산에 들에 나물을 뜯고
가슴이 답답할 때
훙얼훙얼 콧노래를 부르고
졸졸 흐르는 도랑물에
발을 담가 보이소
바로 그곳에
행복이 있습니더

행복은 멀리 있는 게 아닙니더
하루가 즐거우면
그게 바로 행복 아닙니꺼? 라며
환-하게 웃는다

놀이터 허수아비

아파트 어린이 놀이터
밀짚모자를 눌러쓴 허수아비
종일을
허허- 너털웃음이다

참새떼 같은 아이들
아침부터 해 질 녘까지
재잘재잘

알곡처럼
토실토실
영글어가는 소리

허수아비 할아버지
허-허
풍년 들녘이 이보다 좋으랴

무제無題 ·1
-고향 냇가에서

세월은
흐르는
저 물길 따라
어디쯤 갔을까

400여 년 느티나무
그대로 푸르르고
묵직한 바윗돌은
그 자리
묵언 수행

다시 찾은
고향 냇가
물안개만 자욱하다

낮달

창밖
텅-빈 하늘 가
외로운 낮달

한낮의 내 고요한 침묵의 창가
동병상련일까

서로를 바라보는
눈빛이 시리다

엄마, 아들 왔어요

잠결이었을까
꿈결이었을까
외국 근무지에서
밤 비행기로 도착한 아들

"엄마,
아들
왔어요."

얼마 만에 듣는 소리인가
아들, 딸 모두
품을 떠난 지 10여 년

언제부터일까
바람 소리만 일던 가슴

"엄마! 아들 왔어요"라는 말
참 오래도 가슴에 젖어 울린다

다시, 아들은 가고

가을날의 소묘素描

가난한 도시 속 작은 공원
텅 비어 있는 긴 의자

눈빛까지 흐려진 태양
세월 두른 내 아버지처럼 절뚝거리며 걸어와
나무의자에 간신히 걸터앉는다

잎을 지운
나목裸木
푸르던
풀벌레의 체온
빈 허물로 싸늘히 식어 가고

이제는 세상에서
이만큼 비켜 앉은 아버지처럼
가난한 햇살
비둘기 한 마리
시린 부리 끝으로
줍고 있다

그대는 내 사랑이었습니다
-부부夫婦 찬가

사랑이여 슬픈 내 사랑이여!
겨울나무 숲을 걸어가는
쓸쓸해 보이는 당신
그대는 내 사랑이었습니다

청청한 오월
푸른 잎 칭칭 감아올리는
등나무 같은
당신의 그 푸른 기운에
사랑이란 이름으로
내 삶의 전부를 걸었습니다

전주곡이 슬픈, 봄이 오는 길목
당신 어깨 위 시린 햇살
그 위로
손이라도 얹고 싶은걸요
황혼 녘 우리 사랑인걸요

눈물이 난다

가난한 도시 속 작은 공원
사랑하며 사랑하며 살아온 삶
필름처럼 스치는
저 공간 저 광경이 내 삶이었구나
눈물이 난다
아름다워
눈물이 난다

이 땅에서의 만남이 소중해
눈물이 난다
나를 이 땅에 있게 한 어머니 아버지
그 사랑에 감사함에 눈물이 난다

내 전생에 무슨 복을 지어
내 어머니 아버지 영靈과 육肉을 받아
사랑하는 마음으로 감사하는 마음으로
오늘을 가고 있는가
우주의
이 시간을 건너고 있는가

저 들에 산에 피었다 지는
풀잎 같은
소박한 내 삶이 아름다워 눈물이 난다
내게 주어진 모두를 사랑하는 내 모습
아름다워 눈물이 난다

삶은

돌아보니
삶은
곧
시가 되었네

남편은 가고
시 속에 담긴
함께한 시간
아름다움이었네
그리움이네

나비야

나비야!
세상이 너무 넓다
너의 그 작은 날개로 날아 내기엔

이 넓고 넓은 세상
내일은 다시 어디를 날까

훨훨 날아 보자
가다 보면 꽃밭도 만나고
풀밭도 만나겠지

이슬이 내린다
네 집이 어디이냐, 집이 없나 보다
풀숲에서 그대로 밤하늘 별을 헤고 있구나

어느 역사驛舍 한쪽
너를 닮은
가지런히 잠든 발가락

그때 그 발가락
지금처럼 슬펐다

슬프고 슬픈 2024년도 가나 봅니다

봄부터 걷고 걷던 길
물이 흐르는 호만천변 산책길
많은 사람이 오고 가지만
모두가 낯선 사람들

언제나처럼 편안히 맞아 주는 건
물소리 새소리 천변가 풀잎들

고요한 듯 바람 불고 또 한 해가 가나 봅니다
54년 함께한 임이 가신 슬프고 슬픈 2024년도
이제 가나 봅니다

이쁘던 봄날도 가고
푸르고 푸른 여름 지나
햇살 좋은 가을날
갈대밭을 지날 때면
바람은 솔솔 불고

갈대꽃은 하얀 손 흔들며
슬픔은 멀리멀리

안녕~, 하세요, 안녕~, 하세요
달래는 듯 달래는 듯…

그 하얀 손 잡고 싶다

당신이 이 세상에 없다면
-50년을 함께한 남편

당신이 이 세상에 없다면 난 아마 어둠 속 빛을 잃은
한 송이 가련한 꽃이 되리니 당신은 내게 하늘이요,
빛입니다

당신 없는 세상은 저 너른 광야에 하늘만 쳐다보며
목마름으로 죽어가는 한 그루 나무처럼 선 채로 물기를
말리고 있을 겁니다

내가 오늘을 살 수 있는 건 밤이면 내 곁에 들리는
당신의 뜨거운 심장 소리가 나를 편안히 잠들게 하고
아침에 눈을 뜨면 당신의 다정한 음성이 나를 행복하게
하기 때문입니다

내 소중한 당신은
오늘도
내 삶의 전부입니다

-남편 생전에 쓴 글

모든 게 사실이 되었습니다.

그는 '내 삶의 전부' 맞는 말이었습니다.

목화

봄내 여름내
길러온 목화였는데
살며시 부는 바람
스쳐 갈 때면
내 님 떠날까 마음 조였네
이 마음 그대에게 전해진다면
내 생애 길러온 목화송이
살며시 그대 위해
덮어 주리라

- 내가 시詩 한편 써 보라고 권해서,
아내에게 받친다며 쓴, 남편이 생전에 남긴 유일한 한 편의 시

새의 집

새의 집은
지붕이 없다
하늘을 향해 날 수 있는
자유의 문
언제나 열려 있다

작은 풀씨 하나로
포만飽滿의 지저귐
청아한 가을 아침
하늘을 마음껏 날 수 있는 저 새는
마음도 깃털처럼 가벼우리라

새의 집은 빗물이 고이지 않는다
고이지 않는 빗물처럼
쌓이는 슬픔도 없으리라

오늘따라 새소리 바람처럼 가볍다
저 청명한 소리에는
언제라도 물빛 하늘 속에

훨훨 날아오를 준비가 되어있으리라

난 오늘 아침 창窓이라도 열어야겠다

계간문예시인선 221

최영희 제6시집 _ 어느 여름날의 찬가

초판 인쇄 2025년 12월 10일
초판 발행 2025년 12월 15일

지 은 이 최영희
회　　장 서정환
발 행 인 정종명
편집주간 차윤옥

펴 낸 곳 도서출판 계간문예
주　　소 03132 서울 종로구 삼일대로 30길 21 종로오피스텔 1209호
전　　화 (02) 3675-5633 팩스 (02) 766-4052
이 메 일 munin5633@naver.com
홈페이지 http://cafe.daum.net/quarterly2015
등　　록 2005년 3월 9일 제300-2005-34호
연 락 처 03132 서울 종로구 삼일대로 32길 36 운현신화타워 305호
인　　쇄 54991 전북 전주시 완산구 공북1길 16, 신아출판사
ISBN 978-89-6554-320-6 04810
ISBN 978-89-6554-118-9 (세트)

값 12,000원